Emile SALOMON

UNE FAMILLE DU LYONNAIS

LES RAMBAUD

Notaires de Riverie, Chaussan, Saint-Laurent-d'Agny et Mornant

Capitaines-Châtelains
et Lieutenants de Juges de Riverie, Saint-Laurent-d'Agny et Talluyer

Seigneurs
de Champrenard, Blacé, Marsangues, Salles, en Lyonnais et Beaujolais
Saint-Maurice, Lalley, Soizons, en Dauphiné

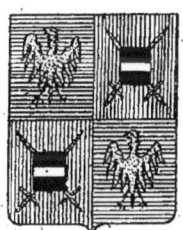

AIX-LES-BAINS
TYPOGRAPHIE LITHOGRAPHIE A. GÉRENTE

1910

Emile SALOMON

UNE FAMILLE DU LYONNAIS

LES RAMBAUD

Notaires de Riverie, Chaussan, Saint-Laurent-d'Agny et Mornant

Capitaines-Châtelains
et Lieutenants de Juges de Riverie, Saint-Laurent-d'Agny et Talluyer

Seigneurs
de Champrenard, Blacé, Marsangues, Salles, en Lyonnais et Beaujolais
Saint-Maurice, Lalley, Soizons, en Dauphiné

AIX-LES-BAINS
TYPOGRAPHIE LITHOGRAPHIE A. GÉRENTE

1910

ARMES DES ALLIANCES DE LA FAMILLE RAMBAUD

LES DIVERSES FAMILLES RAMBAUD

ORIGINE DES RAMBAUD DU LYONNAIS

Le nom de RAMBAUD est très répandu en France et son ancienneté n'est pas contestable. C'était autrefois un prénom : parmi bien d'autres, les comtes d'Orange l'ont porté. Quelques auteurs font remonter l'origine du nom à un compagnon de Charlemagne qui se battit si vaillamment contre les Maures qu'on le nomma « Rabo », l'Enragé, d'où Rambaud ; mais ceci n'est qu'une légende et ne peut servir de document historique.

Une courte mention sur quelques familles de ce nom ne sera point déplacée ici. Je citerai :

1º Les RAMBAUD, DE GUYENNE, remontant à Jehan Rambaud, qui vivait en 1320. Ils furent notaires à Saint-Emilion et à Bordeaux, seigneurs de Montaut, la Vaquette et Bel-Air. Une branche passée en Irlande à la fin du XVIIIº siècle, y est représentée aujourd'hui par le capitaine Bertrand Rambaut et sa famille.

Armes : D'azur à trois aigles d'or, celles du chef affrontées.

2º Les RAMBAUD DE BEAUREPAIRE, en Dauphiné, qui paraissent descendre de Guillaume Rambaud, second fils de Jean, des Rambaud de Guyenne. Ils ont été gouverneurs de Gap et seigneurs de Furmeyer, la Bassière et Beaurepaire. Amis et compagnons du baron de Adrets, ils furent dispersés à l'époque des guerres de religion. Jehan de Rambaud, capitaine de la marine et armateur à Marseille, marié à Marie Lieutaud vers le milieu du XVIIIᵉ siècle, appartenait très probablement à cette famille. Sa descendance, alliée depuis au Pléville le Pelley, Mottet de Ribécourt, Gaudelet d'Armenonville, le Clerc de Pulligny, est représentée de nos jours.

Armes : De sable au cyprès d'argent accompagné en chef d'une tourterelle du même.

Alias : D'azur au pin d'or surmonté d'une colombe essorante du même.

3º Les RAMBAUD DE LA SABLIÈRE, originaires de la Grave, en Dauphiné. Leur filiation est connue à partir de Vincent Rambaud, marié à Marguerite Martin et mort avant 1679. Il parvinrent à l'échevinage à Lyon, en la personne d'André Rambaud et furent créés barons sous l'Empire. Représentés dans les Deux-Sèvres par Madame de Wissock.

Armes : D'azur à l'aigle d'or, au chef d'argent chargé de trois étoiles de sable.
Armes de l'Empire : D'azur à l'épervier essorant d'or posé en bande.

4° Les RAMBAUD DE LAROCQUE, dont la filiation certaine est connue à partir de François Rambaud, sieur de Mareuil en 1634, marié à Marie Fleury. La branche aînée de Mareuil s'est éteinte en 1860. La branche cadette de Larocque, du nom du fief acquis par Pierre Rambaud en 1695, existe encore; elle est représentée par M. Marcel Rambaud de Larocque, Conseiller général de la Charente.

Armes : D'argent au lion de sable, armé et lampassé de gueules tenant une torche d'or enflammée de gueules.

5° Les RAMBAUD, de la Rochefoucauld, en Angoumois, qui ont vraisemblablement la même origine que les précédents. Représentés de nos jours.

6° Les RAMBAUD, de Valloires, en Maurienne, qui se sont divisés en de nombreuses branches. Ils ont fourni de nos jours plusieurs personnalités politiques. Représentés à Valloires, Bourg, Lyon, etc.

7° Les RAMBAUD, originaires du hameau de Rambaud, près Gap, Jean-Baptiste Rambaud, marié à Cécile Geoffray, fut le père de l'abbé Rambaud, fondateur de la cité qui porte son nom. Par sa grande humilité et son inépuisable charité, il a acquis un titre inoubliable à la reconnaissance de ses compatriotes.

8° Les RAMBAUD, de Saint-André-de-Corcy, en Bresse. De vieux actes conservés aux archives de Lyon mentionnent Barthélemy Rambaud en 1549 et Pierre Rambaud, en 1622.

Outre ces diverses familles il existait, à Lyon même, une multitude de Rambaud. Les plus anciens registres paroissiaux de cette ville établissent qu'ils exerçaient les professions les plus diverses : marchands, peintres, gardes pour le Roi, etc.

Un Jean Rambaud était notaire à Lyon en 1493. Bien que ces renseignements isolés ne puissent s'appliquer à la généalogie qui va suivre (1), ils démontrent du moins l'ancienneté du nom de Rambaud dans notre province.

Je n'ai pu remonter au delà de Catherin Rambaud, premier du nom, les archives de Riverie qui auraient été fort utiles en la matière, ayant été brûlées en 1590. Peut-être un jour quelque document nouveau viendra-il compléter cette filiation déjà longue et jeter de nouvelles lueurs sur un nom qui a déjà été l'objet de recherches aussi fructueuses que multiples.

---

(1) Cette généalogie a été établie d'après les archives de la famille Rambaud et les registres paroissiaux.

Qu'il me soit permis de remercier ici tous ceux qui, par leur complaisance, ont hâté et simplifié mon travail, particulièrement M. Frécon qui a mis à ma disposition ses précieuses notes. Les recherches du regretté Amédée d'Avaize dans les archives de la Chambre des Notaires, m'ont permis d'une façon irréfutable de rattacher les Rambaud de Champrenard aux Rambaud de Riverie et Chaussan.

Captain Bertrand R·R·Rambaut·R·A·

Ex-Libris

du Capitaine Bertrand R-R. RAMBAUT

descendant des Rambaud, de Guyenne

Les armoiries qui y sont figurées furent enregistrées à l'Armorial Général de France
à la requête de Jehan Rambault, sieur de Montaut

GÉNÉALOGIE

Iᵉʳ degré — **Catherin Rambaud**, notaire dès 1541 et lieutenant général de Riverie. Mentionné dans le contrat de mariage de son fils.

IIᵉ degré — **Catherin Rambaud**, notaire à Chaussan. Marié le 8 août 1574 à Jeanne Gaignières, fille de Jean Gaignières, notaire et lieutenant général de Saint-Symphorien-le-Châtel, et de Jeanne Rivière.

Il testa le 23 novembre 1611 en faveur de Nicolas Rambaud, son fils, mourut le 12 février 1612, à minuit environ, et fut enterré le 14 dans l'église de Chaussan. Il laissait :

1º Nicolas Rambaud, qui suit ;
2º Claude Rambaud, auteur des Rambaud de Champrenard qui suivra ;
3º Guyot Rambaud, marchand bourgeois de Lyon, marié le 29 mai 1613 à Marie Saint-Pierre, fille de Jean Saint-Pierre, marchand-mesureur au grenier à sel, citoyen de Lyon, et de Marguerite Chartelon ;
  Dont, baptisés à Saint-Nizier :
    a) Pierre Rambaud, le 3 janvier 1616 ;
    b) Marguerite Rambaud, le 11 avril 1617.
4º Catherin Rambaud, présent en 1613 au mariage de son frère précité ;
5º Noël Rambaud, père Jésuite, mentionné dans le testament de son frère Claude ;
6º Françoise Rambaud, femme de Claude Fresne, marchand, citoyen de Lyon.

IIIᵉ degré — **Nicolas Rambaud**, notaire à Chaussan de 1612 à 1619. Marié vers 1616 à Barthélemie Bruyas, fille de Jehan Bruyas, marchand à Mornant, dont, baptisés à Saint-Jean-de-Chaussan :

1º Claudine Rambaud, le 18 avril 1617, filleule de son oncle Claude ;
2º Jehan Rambaud, qui suit ;
3º Pierre Rambaud, le 22 janvier 1620.

Nicolas Rambaud n'avait pas vu la naissance de son dernier fils, il était mort prématurément cinq mois auparavant. Il fut enterré le 20 août 1619, dans l'église de Chaussan au tombeau de ses prédécesseurs (1).

Armes des Bruyas : De... à l'aigle éployée de... au chef de... chargé de trois besants de... (cachet) (2).

IVᵉ degré — **Jehan**, alias **Jean Rambaud**, baptisé le 14 avril 1618 ; marchand à Chaussan. Marié à Mornant, le 21 septembre 1648 (contrat du 25 août), à Louise Mercier, fille de Guillaume Mercier, alias Mercy, marchand à Mornant, et de Pierrette Guinand (3), dont : nés de 1650 à 1664 :

1° Guillaume Rambaud, qui suit ;

2° François Rambaud, auteur de la branche du Rossion, qui suivra ;

3° Jean-Baptiste Rambaud, marchand fileur de soie, marié à Saint-Chamond, le 26 novembre 1683, à Louise de la Font, fille d'Antoine de la Font, marchand fileur de soie, et d'Antoinette Dugas (4). Le 12 décembre 1684, il était établi à Lyon.

Armes des de la Font : D'azur à une fontaine d'or ruisselante d'argent sur une terrasse de sinople.

4° Marie Rambaud, mariée à Claude Thévenon, de Saint-Didier-sous-Riverie.

Baptisés à Saint-Jean-de-Chaussan après 1664 :

5° Ysabeau Rambaud, le 20 août 1665, morte le 7 mars 1737. Marié en premières noces le 17 juin 1696 à Pierre Vincent et en deuxièmes noces, le 13 avril 1706, à Claude Cristignon fils de Pierre Cristignon et de Françoise Perret, de la paroisse de Solaise, en Dauphiné ;

6° Gasparde Rambaud, le 20 avril 1667 ;

7° Catherin Rambaud, auteur de la branche de Chaussan, qui suivra ;

8° Gaspard Rambaud, le 2 février 1674. Mort célibataire avant le 10 Juillet 1729.

---

(1) Le tombeau des Rambaud existe encore dans l'église de Chaussan : il est au pied de l'autel de Saint Jean-Baptiste. Sur l'une des pierres tombales se voit un grand écusson sur lequel on lit : 1612, C. R., puis divers signes ou monogrammes à demi effacés ; c'est là que repose Catherin, 11ᵉ du nom. Une autre pierre porte dans un cœur les mêmes initiales : C. R. et des signes analogues, au dessous N. R. La même pierre rappelle le souvenir du grand-père et du petit-fils.

(2) Ces armes sont celles portées par la branche à laquelle appartenait Barthélemie. Le frère de cette dernière, Pierre Bruyas, fut marchand de soie à Lyon, il était l'aïeul de Noël Bruyas, bourgeois de Lyon, capitaine châtelain et lieutenant de juge de Saint-Laurent, en 1722.
Une branche des Bruyas posséda près de Mornant les fiefs de la Levratière et Cenas. Ils blasonnaient : d'or à trois pins de sinople ; alias : d'azur à trois pals d'or retraits de la pointe.

(3) Claude Guinand fut notaire royal à Mornant de 1736 à 1770. Il était fils d'Antoine Guinand, maître chirurgien et de Marie Vincent et épousa par contrat du 31 décembre 1749, Marie Peyzelon, fille de Jean-Etienne Peyzelon, drapier et de Philippe Favre.
Louis Guinand fut notaire au même lieu de 1780 à 1800.

(4) *Armes des Dugas :* Coupé au 1ᵉʳ de gueules à deux épées en sautoir d'or, au 2ᵐᵉ d'azur à l'arbre d'or terrassé de sable.

Vᵉ degré — Guillaume Rambaud, né vers 1650, testa le 28 janvier 1719 et mourut le 21 janvier 1720. Il fut enterré dans l'église de Saint-Laurent-d'Agny. Notaire royal de 1685 à 1719 et greffier de Saint-Laurent-d'Agny.

Marié le 27 janvier 1699 (contrat du 6 janvier) à Jeanne Boiron (1), morte le 13 mai 1713, fille d'Etienne Boiron, marchand à Saint-Laurent et de Benoîte Besson.

Dont, nés à Saint-Laurent-d'Agny :

1° Antoine Rambaud, qui suit ;

2° Madeleine Rambaud, le 15 janvier 1702 ;

3° Benoît Rambaud, qui suivra ;

4° Ysabeau Rambaud, le 23 mars 1704, mariée le 2 février 1728 (contrat du 17 janvier) à Jean Boiron, son cousin germain. Elle testa le 18 janvier 1769 en faveur de Benoît, François et Jean-Marie Boiron, ses fils et de Jeanne Boiron, sa fille, mariée le 12 décembre 1751 à Pierre Charézieu. Ysabeau mourut le 31 janvier 1769.

5° Claudine Rambaud, le 26 octobre 1708, morte le 30 août 1773. Mariée le 12 janvier 1733 (contrat du 15 décembre 1732) à Jean-Marie Bony, fils de Léopold Bony et d'Etiennette Lagier.

6° Françoise Rambaud, le 7 octobre 1710, morte le 22 février 1711.

Armes des Boiron: D'azur au chevron d'or accompagné de trois guêpes du même.

VIᵉ degré — Antoine Rambaud, né le 20 mars 1700, testa le 12 et mourut le 23 octobre 1774. Notaire royal à Saint-Laurent d'Agny de 1724 à 1762, procureur postulant, greffier de Saint-Andéol, greffier en chef de la juridiction de Saint-Laurent et Saint-Vincent-d'Agny par provisions de Messire d'Haussonville de Vaubecourt, abbé d'Ainay, du 23 décembre 1730, confirmées le 15 janvier 1731 ; procureur fiscal de Brignais, Mornant, Soucieu et autres terres ; capitaine-châtelain de Saint-Laurent et Saint-Vincent-d'Agny.

Marié en premières noces le 31 août 1721 à Françoise Meaudre, fille de Pierre Meaudre (2), notaire royal, capitaine châtelain de la baronnie de Rochefort, et de demoiselle Andrée Faure.

---

(1) Jeanne Boiron eut deux sœurs : Benoîte et Etiennette mariée à François Dursaupt, et quatre frères : Antoine ; Benoît, marchand de soie à Lyon ; Jean et Etienne, marié le 22 février 1721 à Catherine du Buisson, fille de noble Charles du Buisson, bourgeois de Lyon, et de Georgette Séruan, et mort le 15 mai 1725, âgé de 35 ans.

Armes des du Buisson: D'or à trois buissons arrachés et rangés en fasce de sinople.

Vincent Boiron, oncle de Jeanne, fut marchand et bourgeois de la ville de Lyon. Il eut deux fils : Jean-Claude Boiron et César Boiron.

(2) Pierre Meaudre, fils de Pierre Meaudre, marchand, de Rochefort et de Benoîte Charvolin, avait épousé le 12 janvier 1688, Andrée Faure, fille de Jacques Faure et de défunte Andrée Raginel. Il est mort le 1ᵉʳ septembre 1743, âgé de 80 ans. Aucune preuve certaine ne permet de rattacher ces Meaudre aux Meaudre de Paladuc ou de Sugny. Ces derniers, de même que les Meaudre de la Pouyade et d'Assit font remonter leur filiation à André de les Meaudres, qui vivait en 1270, et tirent leur origine du domaine des Meaudres, aux Salles, près Noirétable.

Françoise Meaudre testa le 24 juin 1722 et le 18 octobre 1759. Elle mourut le 9 octobre 1760, n'ayant eu qu'une fille :

Françoise Rambaud, baptisée à Saint-Laurent le 25 octobre 1722 et morte le 14 octobre 1723.

Antoine Rambaud épousa en deuxièmes noces le 28 mars 1761, Catherine Berthon de la Gardière, fille de Nicolas Berthon (1), bourgeois de Lyon, ancien capitaine au régiment lyonnais, et de demoiselle Henriette Chaize de la Coste (2).

> *Armes des Berthon de la Gardière :* Ecartelé aux 1er et 4e d'or au chevron de sable, chargé de trois croisettes pattées d'or, à la bordure componée d'hermines et de gueules ; aux 2e et 3e, de sable à la tour d'argent ; sur le tout : d'hermines à la bande d'argent, chargée de trois alérions de sable. — Supports : deux lions. — Cimier : un lion issant.

VIe degré bis — **Benoit Rambaud**, cardeur de soie à Talluyer, puis marchand à Saint-Laurent-d'Agny. Né le 12 février 1703, testa le 15 juillet et mourut le 30 août 1745. Marié du 24 au 28 février 1726 à Philippa Guillaume, morte le 28 janvier 1770, fille de défunt Antoine Guillaume et de vivante Etiennette Coullard, du lieu de Chablenas, paroisse de Mornant, dont nés à Saint-Laurent-d'Agny :

1º Antoine Rambaud, qui suit ;

2º François Rambaud, célibataire, trouvé mort dans son habitation de Saint-Laurent et enterré le 7 mars 1789, âgé de 58 ans environ ;

3º Elisabeth Rambaud, le 11 novembre 1730, morte le 1er novembre 1731 ;

4º Claudine Rambaud, le 3 février 1733, morte le 5 ;

5º Pierre Rambaud, le 3 février 1733, jumeau de la précédente, mort le 4 ;

6º Jean Rambaud, le 13 janvier 1735, mort jeune.

7º Antoinette Rambaud, baptisée le 1er juillet 1737, morte le 2 avril 1789. Mariée le 12 février 1765 (contrat du 18 janvier) à Claude Viricu, fils d'Etienne Viricu et de Pierrette Gomard.

VIIe degré — **Antoine Rambaud**, notaire à Saint-Laurent-d'Agny dès 1754, puis établi à Mornant où il fit encore acquisition d'étude le 26 septembre 1784.

Procureur d'offices de Brignais et autres terres, receveur des Domaines du Roi, capitaine châtelain et lieutenant de juge de la juridiction de Talluyer.

---

(1) Les Berthon étaient seigneurs de Flacé, du Villars, de Nécudois, au xviie siècle, et de l'île de la Gardière, en face de Seyssel, au xviiie siècle. Etienne Berthon fut échevin de Lyon en 1667 et 1668.
Benoit Berthon, bourgeois de Lyon, et François-Marie Berthon, seigneur de la Gardière étaient frères de la mariée.

(2) Les Chaize de la Coste (Brignais), bourgeois de Lyon, ont fourni un premier président en l'élection de cette ville.
Armes : D'azur à la bande échiquetée d'or et de gueules, accompagnée en chef d'une tête de lion d'or et en pointe d'un croissant d'argent.

Né le 10 janvier 1727. Marié en premières noces le 10 septembre 1759 à Françoise Teste, morte le 4 octobre 1778, fille de Louis Teste (1), marchand fabricant et bourgeois de Lyon, et de dame Jeanne Meaudre.

Il épousa en deuxièmes noces le 19 octobre 1780, Françoise Charpenay, veuve du sieur André Chantre (2), bourgeois de Lyon, y demeurant, rue Juiverie, paroisse de Saint-Paul.

De la première épouse sont nés à Mornant :

1° Louis Rambaud, mort le 4 août 1760, âgé de 2 mois ;

2° Antoine Rambaud, mort en mer, à bord de la frégate « la Consolante », le 3 décembre 1778, âgé de dix-sept ans. Il déclara à son arrivée comme recrue, exercer la profession de praticien ;

3° Philippa-Louise Rambaud, le 28 août 1761, morte le 12 septembre 1780 ;

4° Françoise-Marie Rambaud, le 12 mars 1763, morte jeune ;

5° Catherine Rambaud, le 26 avril 1764, morte le 20 mai 1767 ;

6° Antoinette Rambaud, le 16 novembre 1765, morte le 29 décembre ;

7° Catherine Rambaud, le 24 juillet 1767, morte le 3 mars 1777 ;

8° Jean-Baptiste Rambaud, le 26 juin 1768, mort à Mornant le 22 octobre 1834. Marié à Valenciennes, le 23 frimaire, an 4, à Albertine-Constance James, fille de Pierre James et de Marguerite Masquelet, demeurant à Paris, dont il n'a pas eu de postérité ;

9° Jean-Mathieu-Rambaud, qui suit ;

10° Antoinette-Louise Rambaud, le 29 octobre 1772, morte le 4 mars 1775.

Armes des Teste : De sinople au chevron d'argent, chargé d'une coupe de gueules.

VIII° degré — **Jean-Mathieu Rambaud**, né le 22 décembre 1769, mort le 8 mai 1850. Surnuméraire au bureau d'enregistrement, puis notaire à Mornant de 1795 à 1825. Le premier septembre 1814, il fut décoré de l'ordre du Lys « pour son attachement invariable aux véritables principes, et comme signe de ralliement à la cause sacrée de notre légitime et bien aimé souverain ».

Marié le 4 janvier 1793 à Françoise Condamin, née le 23 juin 1774, morte le 15 juin 1852, fille de défunt Jean Condamin, marchand à Mornant et de défunte Madeleine Chantre, dont nés à Mornant :

---

(1) Louis Teste était fils de François Teste, ancien procureur ès-cour de Lyon, bourgeois de cette ville, et de Catherine Hugonnet. Il fut baptisé à Sainte-Croix le 13 avril 1709 et se maria le 13 avril 1734, en présence de Pierre et François Teste, ses frères et de Jean-Baptiste Meaudre, notaire à Brullioles, frère de l'épouse. Jeanne Meaudre avait épousé en premières noces, le 22 août 1726, Jacques-Antoine Teste, notaire et greffier de Vernaison, Orliénas, Talluyer, fils d'Antoine Teste et de Claire Fournier, dont elle eut un fils, François Teste. Antoine Teste était le frère de François, procureur ès-cour de Lyon. Il avait six autres enfants : Marie, Guillaume, Catherine, Jean, Benoît et Jeanne-Marie Teste.

Jean Teste, échevin de Lyon en 1601, portait des armes différentes : D'azur à l'étoile d'or, au chef cousu de sable chargé de trois têtes d'argent tortillées d'or.

(2) *Armes des Chantre*, sieurs de la Madeleine et bourgeois de Lyon : De.... à un croissant de.... au chef de.... à un lion passant tenant une rose de gueules, tigée et feuillée de sinople.

1° Marie-Antoinette Rambaud, le 25 pluviose, an 5, (1796) morte le 24 janvier 1809 ;

2° Antoine Rambaud, qui suit ;

3° Antoinette-Rosalie Rambaud, le 12 septembre 1801, mariée le 26 novembre 1821 à Ambroise Sautemouche, docteur en médecine à Saint-Symphorien-le-Château, fils de Jean-Pierre Sautemouche et de Françoise Merlat (1)

4° Jean-Baptiste Rambaud, auteur de la branche d'Orliénas, suivra ;

5° Albertine-Constance Rambaud, le 28 janvier 1805, morte le 14 octobre 1834. Mariée le 20 avril 1822, à Pierre-Claude Fournereau, maire de Rontalon, fils de Jean-Louis Fournereau, notaire à Lyon et de Jeanne-Claudine Tournillon (2);

6° Delphine-Hélène Rambaud, le 31 Juillet 1806 ;

7° Marie-Françoise Rambaud, dite Fanny, le 19 janvier 1808, marié le 11 juin 1834, à Jean Clunet, fils de Louis Clunet et de Marie Saubois ; (3)

8° Marie-Antoinette Rambaud, le 19 juin 1810, morte en bas âge ;

9° Antoine-Marie Rambaud, auteur de la branche de Mornant et Lyon, suivra ;

10° Hippolyte-Jean-Baptiste Rambaud, le 2 mai 1813, mort le 16 février 1814 ;

11° Julie-Constance Rambaud, le 3 décembre 1815. Mariée le 10 février 1835 à André-Félix Pagnon, fils de Jean-Henri-Félix Pagnon et de Jeanne-Emilie Fessy (4).

IX° degré — **Antoine Rambaud**, né le 11 octobre 1799, mort le 7 octobre 1856. Marié le 18 juin 1821 à Marie-Louise-Charlotte Guigou, morte le 2 septembre 1848, fille de Jean Guigou et de Marie-Antoinette-Jeanne Dugas.

De cette union sont nés :

1° Jean-François-Marie Rambaud, qui suit ;

---

(1) De ce mariage sont nés : Charles et Maria Sautemouche, mariée à M. Perier, notaire à Vaugneray dont Paul Périer, notaire au même lieu et Marie Périer, mariée à Gabriel Vialatoux, notaire à Grézieu-la-Varenne, dont postérité.

(2) De cette union sont nés ; Joachim, Cécile, Claude, Zoé, Jean-François-Mathieu dit Matheus, Delphin et Albertine. Claude Fournereau a épousé Agarithe Rivière dont deux filles : Augustine, morte jeune et Jeanne, sœur de St-Vincent-de-Paul.
Matheus Fournereau a épousé Adèle Dorier dont : Léon, marié à Madeleine Burton, dont Gabrielle ; Marguerite ; Marie, mariée au commandant Garbit ; Delphin, conseiller d'arrondissement de Mornant ; Antoinette-Zoé, morte en bas âge ; Cécile ; Anne-Marie, mariée au Dr Badin.

(3) De cette union sont nés : 1° Matheus; 2° Marie, mariée à J. Thirard ; 3° Philibert, marié à Antoinette Thirard ; 4° Hippolyte, célibataire.

(4) De cette union : 1° Félicie, mariée à Félix-Jean Pinson ; 2° Léopold, marié à Annette Burnot, dont : Constance, religieuse ; Henriette ; Marie ; Marguerite, religieuse ; Valentine, mariée à Paul Captier ; Alice ; Antonin, marié à Léontine Dougerolle ; 3° Delphin ; 4° Lucien, marié à Elisabeth Bélédin, dont : Jules ; Ernest ; Francis, mariée en 1902 à Marcel Moraillhon ; Jean, marié à Jeanne Serre ; Paul. 5° Jean-Baptiste, marié à Marie Bélédin, dont : Elisabeth, mariée à Jules Barlaud ; Julie ; Félicie ; Léopold ; Lucien, marié à Elisabeth Bernard ; Pierre.

2° Jeanne-Marie-Laurette Rambaud, le 9 octobre 1829, morte religieuse du Sacré-Cœur, le 10 janvier 1905 ;

3° Antoine-Henri-Philippe Rambaud, le 23 octobre 1830 ;

4° Jeanne-Marie-Blandine Rambaud, le 28 juillet 1832 ;

5° Marie-Philomène-Delphine Rambaud, le 16 mars 1835, morte le 21 avril 1852 ;

6° Irénée-Marie-Prosper Rambaud, le 23 janvier 1837, mort à Paris le 22 mai 1908. Docteur en Droit, membre de la Société des Gens de Lettres, répétiteur de droit, Officier d'Académie, auteur de nombreux ouvrages de Droit ;

Marié à Paris le 21 janvier 1861 à Anne-Marie-Célestine Blanc, née à Plaines (Aube) le 14 février 1832, morte à Etampes le 3 février 1909, dont :

Jeanne-Marie-Joséphine-Alexandrine Rambaud, née le 15 novembre 1861, mariée à Paris, le 27 juillet 1887, à Charles-Léon Touiller, artiste-peintre, officier d'Académie.

7° Attale-Marie-Laurent Rambaud, le 23 septembre 1839. Archiviste de la Chambre des Notaires de Lyon. Marié à Marguerite-Charlotte-Françoise-Amédée Collet, dont il a eu :

a) Marguerite-Françoise-Marie-Adélaïde Rambaud, morte en bas âge ;

b) Laurence-Alphée-Marie-Louise Rambaud, mariée à Léon Freidel, fils de Louis-François Freidel et de Joséphine Mégevet.

c) Adélaïde-Marie-Antoinette Rambaud, née le 27 octobre 1873, mariée le 28 juillet 1896 à Albert Boël, fils de Jean Boël et de Louise-Marie-Amélie Peiron ;

d) Agathe-Françoise-Marie-Attale Rambaud ;

e) Charlotte-Marie-Camille Rambaud ;

8° Jules-Marie-Albert Rambaud, le 5 août 1841, mort le 3 janvier 1910, marié à Jeanne Bonnabaud, fille de Jean Bonnabaud et d'Anne Jonnard, dont :

a) Albert-Jules-Marie Rambaud, né à Lyon le 16 janvier 1864, marié le 7 mars 1896 à Rosa Bernard, dont :

Jeanne-Albertine Rambaud, née à Romans, le 12 novembre 1897 ;

9° Marie-Antoinette-Laurence Rambaud, le 7 septembre 1842, mariée en premières noces le 8 mai 1862 à Gabriel Chomet, mort le 10 janvier 1866 ; et en deuxièmes noces, le 29 avril 1873, à Louis-Adolphe Perruchot, colonel en retraite, chevalier de la Légion d'honneur ;

10° Lucie Rambaud, morte en bas âge.

11° Philipine-Marie-Louise Rambaud, religieuse du Sacré-Cœur, à Avignon.

12° Mathieu Rambaud, mort en bas âge ;

13° Marie-Elisabeth Rambaud, née en 1848, morte le 17 septembre 1853.

X° degré — **Jean-François-Marie Rambaud**, né le 13 mai 1828, mort à Lyon, le 28 mars 1881. Marié en premières noces, à Tarare, le 3 janvier 1860, à Marie-Sophie Thoral, morte à Cannes le 21 février 1870 et en deuxièmes noces à Valentine Nuiry.

De la première épouse sont nés à Lyon :

1º Marie-Louise-Claudine-Joséphine Rambaud, le 27 novembre 1860, morte à Layrac le 2 mars 1878.

2º Henri-Marie-Prosper Rambaud, qui suit ;

3º Antoine-Marie-François Rambaud, le 26 octobre 1863, curé de la paroisse du Saint-Sacrement, à Lyon.

De la deuxième épouse sont nés :

4º Marie-Augustine-Lucie Rambaud, le 21 août 1874, mariée le 8 mars 1897 à Jules-Delphin Tuaillon, fils de Claude-Delphin Tuaillon et de Julie-Constance Tuaillon ;

5º Marie-Stéphanie-Pierrette-Hélène Rambaud, mariée le 27 septembre 1905, au comte Adrien de Clérico, fils du comte Charles de Clérico et de Joséphine de Morgues, alias de Mourgues de Saint-Germain (1).

Armes des de Clérico : D'azur à trois barres d'argent.

6º Marie-Antoinette-Jeanne Rambaud, célibataire ;

7º Joseph-Marie-Gabriel Rambaud, mort en bas âge.

XIº degré — **Henri-Marie-Prosper Rambaud**, né le 23 mai 1862, marié le 19 septembre 1885 à sa cousine germaine, Louise-Marie-Madeleine Chomet, fille de Gabriel Chomet et de Marie-Antoinette-Laurence Rambaud.

De cette union sont nés :

1º Marie-Antoinette-Claudine Rambaud, le 24 octobre 1886 ;

2º Louise-Marie-Valentine-Hélène Rambaud, le 1er janvier 1888, morte le 11 décembre 1909 ;

3º Stéphane-Antoine-Joseph-Marie-Michel Rambaud, le 22 mars 1889 ;

4º Laurence-Lucie-Marie-Marguerite Rambaud, le 23 mars 1891, morte le 30 août 1898 ;

5º Pierre-Marie-Henri Rambaud, le 23 août 1892 ;

6º Jeanne-Marie-Albertine-Germaine Rambaud, le 24 juillet 1894 ;

7º Paule-Marie-Antoinette-Camille Rambaud, le 27 juillet 1896 ;

8º Julie-Hélène-Marie-Madeleine Rambaud, le 22 mars 1898 ;

9º Michelle-Marie-Louise Rambaud, le 30 décembre 1900 ;

10º Henri-Marie-François Rambaud, le 25 juin 1904 ;

11º Marie-Camille-Adrienne-Geneviève Rambaud, le 12 juin 1906 ;

12º Delphine-Josèphe-Marie-Madeleine Rambaud, le 12 mai 1908.

---

(1) *Armes des de Mourgues :* De gueules au sautoir d'or au chef cousu d'azur chargé de trois étoiles d'or. — Cette famille paraît originaire de Solignac. Gabriel de Mourgues, bailli de Solignac, acquit en 1579, la baronnie de St-Germain-Laprade, de Jean de Poinsac, seigneur dudit lieu. A cette famille appartenait l'abbé de Morgues, aumônier de Marie de Médicis, et adversaire de Richelieu. (Theillière : Canton de Bas ; Boudon : La sénéchaussée présidiale du Puy).

BRANCHE D'ORLIÉNAS

IXe degré — **Jean-Baptiste Rambaud**, né à Mornant le 27 août 1802, de Jean-Mathieu Rambaud et de Françoise Condamin, mort à Orliénas, le 4 avril 1883. Marié le 27 novembre 1827, à Etiennette Rivière, fille de Jean-Antoine Rivière et de Marianne Perrel, dont, nés à Riverie :

1° Rosalie Rambaud, mariée le 27 janvier 1852 à François-Antoine Rondelet, fils de Claude Rondelet et de Marie-Aline Dumortier. Morte à Clermont sans postérité ;

2° Jean-François-Antoine Rambaud, qui suit :

Xe degré — **Jean-François-Antoine Rambaud**, né en avril 1830, mort à Orliénas le 5 mai 1909, marié le 14 septembre 1862 à Fleurie-Antoinette Balley, fille de Jean-Antoine Balley et de Marie Duet, dont :

1° Jean-Baptiste-Marie-Joseph Rambaud, qui suit ;

2° Stéphanie-Jeanne-Marie-Rambaud, née à Orliénas le 8 novembre 1865, morte le 8 mai 1894. Mariée le 24 septembre 1892 à Jean-Marie-Louis-Joseph-Henry, fils de François Henry et de Claudine Pacotte. (1)

XIe degré — **Jean-Baptiste-Marie-Joseph Rambaud**, né à Orliénas le 18 mars 1864, marié le 29 septembre 1890 à Marie-Camille-Hélène Rostaing, fille de Léon Rostaing et d'Emilie de Montgolfier.

BRANCHE DE MORNANT ET LYON

IXe degré — **Antoine-Marie Rambaud**, dit Tony, né le 18 janvier 1812, de Jean-Mathieu Rambaud et de Françoise Condamin. Notaire de 1840 à 1885, mort le 25 décembre 1901. Marié le 9 juin 1836 à Rose-Agathe-Irénée Guigou, morte le 3 mars 1876, fille de Jean Guigou (2) et de Marie-Antoinette-Jeanne Dugas, dont nés à Mornant :

1° Marie-Antoinette-Françoise Rambaud, le 26 septembre 1837.

---

(1) De cette union est né un fils : Antoine Henry.

(2) Les Guigou paraissent originaires de Brindas. En 1753, Jean Guigou, négociant et bourgeois de Lyon, acheta le château de Montplaisir (Brindas) de François-Gabriel de Saconay.
Ils ont possédé aussi le château de Mercruy, à Lentilly.
Jean Guigou était fils de François-Claude Guigou de Montplaisir et de Jeanne-Marie-Claudine de Tournilhon.

2ᵈ Jeanne-Marie-Louise Rambaud, le 2 septembre 1839, mariée le 24 août 1864 à André Barbier, fils de Jean Barbier et de Jeanne Serre, de Saint-Etienne (1).

3° Antoine-Marie-Alphonse Rambaud, le 25 juillet 1840, mort jeune ;

4° Jean-Marie-Lucien-Victor Rambaud, qui suit ;

5° Claude-Marie-Delphin Rambaud, dit Claudius, le 7 novembre 1844, mort à Brignais le 4 février 1905. Docteur en médecine de 1872 à 1905. Marié à Lyon le 25 novembre 1879, à Marie-Joséphine-Julie Rodet, fille de H.-J.-A. Rodet, directeur de l'Ecole Vétérinaire, officier de la Légion d'honneur et d'Amélie Doux, dont nés à Brignais :

a) Marie-Antoinette-Claude Rambaud, le 3 juin 1881 ;

b) Marie-Alexandre-Julien-Irénée Rambaud, le 28 juin 1883 ;

c) Victor-Marie-Joseph Rambaud, le 24 mars 1886 ;

6° Ambroise-Marie-Laurent Rambaud, le 3 décembre 1846, mort le 3 avril 1848 :

7° Claude-Marie-Jules Rambaud, le 3 octobre 1848, mort le 31 ;

8° Jeanne-Françoise-Marie-Zoé Rambaud, le 21 octobre 1849, morte le 30 novembre 1877. Mariée le 26 août 1872 à Albert Monneret, de Saint-Martin-Lestra, docteur en médecine ;

9° Marie-Antoinette-Clady Rambaud, le 7 février 1852, mariée le 5 janvier 1874 à Jean-Baptiste Paradis, fils de Vincent Paradis et de Pierrette Chapelle lequel est mort à Saint-Etienne le 27 mai 1907 (2).

10° André-Marie-Félix Rambaud, le 1ᵉʳ avril 1854. Vicaire à Limonest, puis à Saint-Joseph et à Ainay, curé d'Ouroux, enfin curé-archiprêtre de Chazelles-sur-Lyon.

11° Jean-Marie-Ernest Rambaud, le 2 avril 1856, notaire à Mornant de 1885 à 1904. Marié le 19 mai 1885, à Saint-Etienne, à Andréa Bougy, née à Saint-Etienne le 25 juin 1861, fille d'Antoine Bougy et de Marie-Antoinette Portallier, dont nés à Mornant :

a) Marie-Antoinette-Ernestine-Andréa Rambaud, le 8 août 1886 ;

b) Marie-Louis-Victor Rambaud, le 12 octobre 1887 ;

c) Marie Antonin-Marcel Rambaud, le 13 janvier 1889 ;

d) Clady-Marie-Hélène Rambaud, le 29 décembre 1891, morte le 29 décembre 1893 ;

e) Irma-Félicité-Joséphine Rambaud, le 1ᵉʳ août 1892, morte le 6 février 1893 ;

f) Léonie-Marie-Thérèse Rambaud, le 10 août 1894 ;

g) André-Marie-Félix Rambaud, le 29 novembre 1895 ;

---

(1) De cette union sont nés: 1° Antonia, en 1866, religieuse ; 2° Jules, en 1868, mort en 1869 ; 3° Pierre, en 1870, marié à Lyon le 16 mai 1904 à Marie Tapissier, dont est né en 1905 : Claude-Louis-Marie-André Barbier ; 4° Marie, en 1872.

(2) De cette union sont nés: 1° Marie, en 1874, morte en 1875 ; 2° Marguerite, en 1876 ; 3° Fanny, en 1877 ; 4° Zoé, en 1879 ; 5° Irénée, en 1880 ; 6° Léon, en 1882, mort en 1905 ; 7° Pierre, en 1884 ; 8° Anne-Marie, en 1886 ; 9° Ernest, en 1887 ; 10° Claire, en 1889.

12° Agathe-Marie-Delphine Rambaud, le 20 avril 1858, morte le 12 août 1859 ;

13° Louis-Marie-Stéphane Rambaud, le 4 mai 1860, mort le 30 juillet.

X° degré — **Jean-Marie-Lucien-Victor Rambaud**, née le 19 septembre 1842, mort le 4 juillet 1897. Marié le 9 août 1876 à Marie-Blanche Monneret, de Saint-Martin-Lestra, fille de Jean-Joseph Monneret, ancien avoué à Nantua et de Jeanne-Claudine Blanc, dont sont nés :

1° Jeanne Rambaud, à Mornant, le 9 juillet 1877, morte le 11 mars 1890 ;

2° Albert-Marie-Mathieu Rambaud, le 26 décembre 1878 ;

3° Jean-Joseph-Marie-Alfred Rambaud, qui suit ;

4° Marie-Clady-Emilie Rambaud, le 12 mars 1884, morte le 16 juin 1901 ;

5° Félix-Louis-Marie-Rambaud, à Riverie, le 28 février 1887 ;

6° Vincent-de-Paul-Charles-Marie-Ernest Rambaud, à Feurs, le 17 juillet 1890 ;

7° André-Marie-Antoine Rambaud, le 17 juillet 1890, jumeau du précédent, mort le 24 août 1909 ;

8° Marie-Camille Cécile Rambaud, le 31 janvier 1894.

XI° degré — **Jean-Joseph-Marie-Alfred Rambaud**, né à Mornant le 20 mars 1881. Marié à Lyon le 12 mai 1906, à Hélène-Ernestine Coatte, fille d'Eugène Coatte et d'Ernestine Barbier, dont sont nés :

1° Suzanne-Blanche-Marie-Paule Rambaud, le 25 mai 1907 ;

2° Jeanne-Alberte-Marie Rambaud, le 6 janvier 1909.

BRANCHE DU ROSSION

V° degré — **François Rambaud**, second fils de Jean Rambaud et de Louise Mercier. Marchand à Chaussan ; marié vers 1694 à Jeanne Dumas, dont, baptisés à Saint-Jean-de-Chaussan :

1° Guillaume Rambaud, le 8 octobre 1695 ;

2° Catherin Rambaud, qui suit ;

3° Jean-Baptiste Rambaud, le 28 mai 1700 ;

4° Marie Rambaud, le 11 décembre 1702 ;

5° Antoine Rambaud, frère jumeau de la précédente.

VIᵉ degré — **Catherin Rambaud**, baptisé le 28 octobre 1698. Il exerçait comme son père et son aïeul, la profession de marchand (1). Il épousa le 7 janvier 1734, Pierrette Chana, fille de défunt Claude Chana et de défunte Claudine Piquet.

Catherin Rambaud avait quitté Chaussan où la branche suivante devait rester jusqu'à nos jours. Il vint habiter au Rossion, paroisse de Mornant, où toutefois je ne trouve point trace de sa postérité. Peut-être s'établit-il plus tard dans un autre lieu ? En l'absence de documents, je ne puis présentement, répondre à cette question.

BRANCHE DE CHAUSSAN

5ᵉ degré — **Catherin Rambaud**, quatrième fils de Jean Rambaud et de Louise Mercier. Baptisé le 5 juillet 1672 ; marié le 23 janvier 1704 à Benoîte Janin, fille de Jérôme Janin et de Pierrette Revol, dont :

1º Marie-Claudine Rambaud ;

2º Marie Rambaud, née le 4 février 1711 ;

3º Marie-Benoîte Rambaud, née le 13 juin 1713, morte le 6 janvier 1752. Mariée du 9 au 11 janvier 1746 à Claude Jeanpierre, fils d'André Jeanpierre et d'Etiennette Escoffier ;

4º Marie-Benoîte Rambaud, née le 5 janvier 1716 ;

5º Simone Rambaud, baptisée le 15 mai 1718, mariée le 11 novembre 1749 à Jean Mion, fils de Jean Mion et d'Antoinette Molin ;

6º Benoît Rambaud, qui suit.

VIᵉ degré — **Benoît Rambaud**, né le 9 mai 1721, mort le 21 juillet 1782. Marié en premières noces le 9 février 1751 à Marie Fillion, fille de Pierre Fillion et d'Antoinette Gaudin ; et en deuxièmes noces le 29 janvier 1776 à Jeanne-Marie Salignat, veuve d'Antoine Berne.

De la première épouse sont nés à Chaussan :

1º Benoîte Rambaud, le 22 février 1752, morte le 20 septembre ;

2º Pierre Rambaud, qui suit ;

3º Jeanne-Marie Rambaud, le 23 juin 1755, morte le 16 septembre 1773 ;

4º Simone Rambaud, le 1ᵉʳ août 1757, morte le 24 septembre 1773 ;

5º Jean-Claude Rambaud, auteur de la branche de Saint-Vincent, qui suivra ;

6º Antoinette Rambaud, le 19 mars 1761 ;

---

(1) Nicolas Rambaud était mort prématurément en 1619, comme je l'ai dit au début de la généalogie ; son fils Jean avait un peu plus d'un an, c'est ce qui explique la situation quelque peu précaire de la famille à cette époque. Elle vendit la vieille maison de la Bruyère qu'avait habitée Nicolas et les deux Catherin. Cette maison existe encore et appartient à M. Bodoy, maire de Chaussan. Elle conserve de curieuses fenêtres sculptées et a gardé, malgré des remaniements successifs, une certaine allure de maison forte.

VII⁰ degré — **Pierre Rambaud**, né le 28 août 1753, inhumé le 27 juin 1825. Marié le 29 janvier 1776 à Eléonore Berne, fille d'Antoine Berne et de Jeanne-Marie Salignat. Eléonore mourut le 26 février 1810, âgée de 57 ans.

De cette union sont nés à Chaussan :

1° Benoît-Gabriel Rambaud, le 3 novembre 1776 ;
2° Jeanne-Marie Rambaud, le 30 mars 1779;
3° Gabriel-Benoît Rambaud, qui suit ;
4° Jeanne Rambaud, le 23 novembre 1781 ;
5° Jeanne-Marie Rambaud, le 2 avril 1784 ;
6° Jean-Pierre Rambaud, le 3 juillet 1786, inhumé le 9 ;
7° Marie Rambaud, le 22 juin 1787, morte le 5 septembre 1788 ;
8° Gabriel Rambaud, le 10 janvier 1791.

VIII⁰ degré — **Gabriel-Benoît Rambaud**, né le 27 février 1780, mort le 16 juin 1849. Marié le 28 septembre 1814 à Anne Reynard, fille de Jean-Baptiste Reynard et de Jeanne-Marie Guyot, dont baptisés à Chaussan :

1° Jeanne-Marie Rambaud, née en 1816, mariée à Etienne Dussurgey et morte le 10 décembre 1896 ;
2° Jean-Baptiste Rambaud, le 11 avril 1820, inhumé le 14 septembre 1844 ;
3° Jean-Marie Rambaud, le 17 novembre 1824, inhumé le 10 décembre 1865, sans alliance. Il fut pendant plusieurs années adjoint au maire de Chaussan ;
4° Jean-Antoine Rambaud, qui suit.

IX⁰ degré — **Jean-Antoine Rambaud**, né le 9 mai 1827, mort le 29 avril 1880. Marié le 3 février 1863 à Marie-Antoinette Guyot, fille de Jacques Guyot et de Pierrette-Marie Verzieux, dont baptisés à Chaussan :

1° Jacques-Gabriel Rambaud, le 2 octobre 1864, célibataire ;
2° Pierrette-Marie-Etiennette Rambaud, le 18 mars 1867, mariée le 9 mars 1901 à Mathieu Privas, fils de François Privas et de Louise-Claudine Rivoire ;
3° Jean-Antoine Rambaud, qui suit ;
4° Marie-Joseph Rambaud, le 15 septembre 1872, inhumé le 18 décembre ;
5° Claude Rambaud, le 13 octobre 1873, décédé le 16 février 1883 ;
6° Gabriel Rambaud, le 15 février 1877, marié le 26 juin 1906 à Fleurie Gaudin, fille de Jacques Gaudin et de Benoîte Jamen, dont :
Marie-Antoinette Rambaud, née à Chaussan, le 26 Janvier 1908.

X⁰ degré — **Jean-Antoine Rambaud**, né le 14 novembre 1868, marié le 23 janvier 1897 à Marie-Antoinette Perrot, fille de Claude-Antoine-Joseph Perrot et d'Antoinette Dupuy, dont sont nés à Saint-Chamond :

1° Marie-Antoinette Rambaud, le 5 février 1900 ;
2° Anna-Gabrielle Rambaud, le 6 juin 1903 ;
3° Antoine Rambaud, le 5 octobre 1905.

BRANCHE DE SAINT-VINCENT-D'AGNY

VIIe degré — **Jean-Claude Rambaud**, second fils de Benoît Rambaud et de Marie Fillion. Né le 15 avril 1759; marié le 13 février 1787 à Marie Trouilleux, fille de Mathieu Trouilleux et de Jeanne Montaland, dont sont nés à Mornant :

1° Jean-Pierre Rambaud, qui suit ;

2° Marie-Claudine Rambaud, le 25 décembre 1790, morte le 29 ;

3° Aimée Rambaud, le 13 juin 1793 ;

4° Jeanne Rambaud, le 27 avril 1798, morte le 13 avril 1868. Mariée le 13 septembre 1819 à François Bontemps, de Saint-Maurice-sur-Dargoire ;

5° Claudine Rambaud, mariée le 18 octobre 1832 à Jean Durand, fils de François Durand et d'Anne Bret.

VIIIe degré — **Jean-Pierre Rambaud**, né le 6 novembre 1787, inhumé le 26 décembre 1813. Marié le 14 novembre 1809 à Pierrette Villard, fille de Jean Villard, de Thurins et de Jeanne Salignat, dont :

Pierre Rambaud, qui suit.

IXe degré — **Pierre Rambaud**, né le 9 octobre 1810. Marié le 19 octobre 1838 à Jeanne-Marie Ratton, fille de Jean Ratton et de Benoîte Revol, dont nés à Saint-Laurent-d'Agny :

1° Benoîte Rambaud, le 26 mars 1841, mariée le 30 mai 1864 à Jean-François Colomban, fils de défunt François Colomban et de Marie-Antoinette Burlat ;

2° Jeanne Rambaud, le 29 septembre 1842, morte le 6 janvier 1909. Mariée le 20 janvier 1866 à Jean-Antoine Fayolle, fils d'Antoine Fayolle et de Claudine Rivoire.

3° Antoine Rambaud, qui suit ;

4° Annette Rambaud, le 25 février 1852, mariée le 16 juillet 1874 à Jean-Marie Tholly, fils de Joseph Tolly et de Marie Lafond.

X^e degré — **Antoine Rambaud**, né le 4 décembre 1847, mort le 4 juin 1893. Marié le 17 janvier 1878 à Benoîte Durand, fille d'Antoine Durand et d'Antoinette Crozier. Dont, nées à Saint-Laurent-d'Agny :

1° Antoinette Rambaud, le 9 décembre 1878, mariée le 16 février 1901 à François Fayolle, fils de François Fayolle et de Marie Pupier ;

2° Marie Rambaud, le 14 septembre 1882, mariée le 29 octobre 1904 à Joseph Ancrenas, fils de Noël Ancrenas, de Pont-d'Ain, et d'Henriette Plassard.

BRANCHE DES SEIGNEURS DE CHAMPRENARD

 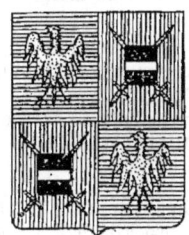 

Armes : D'azur à l'aigle éployée d'or. Après leur alliance avec les d'Agnot de Champrenard, les Rambaud ont porté leurs armes en écartelure, puis les ont adoptées.

Le troisième blason est celui que fit enregistrer à l'armorial général, François Rambaud, seigneur de Champrenard.

IIIe degré — **Honorable Claude Rambaud**, fils de Catherin Rambaud, notaire à Chaussan et de Jeanne Gaignières. Marchand en l'art de la soie à Lyon, y demeurant, paroisse de Saint-Nizier, à l'enseigne de l'Aigle d'Or. Qualifié de noble dès 1620, testa le 24 septembre 1628, faisant un legs à Jeanne Gaignières, sa mère. Il épousa Barthélemie Dupont, alias Duport, dont, baptisés à Saint-Nizier :

1° Noël Rambaud, le 4 mai 1609. Prêtre, docteur en théologie, prieur et seigneur de Saint-Honoré, en Nivernais. Il testa le 3 décembre 1654 ;

2° Claude Rambaud, le 8 mai 1611 ;

3° Françoise Rambaud, le 23 mai 1612, mariée vers 1630 à Raymond Bérerd, échevin de Lyon en 1655, fils de Robert Bérerd, marchand bourgeois de Lyon et d'Isabeau Ferlat ;

Armes des Bérerd : Coupé de gueules au lion issant d'argent, et d'argent à deux, alias trois fasces de gueules.

4° Jeanne Rambaud, le 16 juillet 1614 ;

5° Louise Rambaud, le 4 octobre 1615 ;

6° Aymé Rambaud, le 11 décembre 1616, vivait encore en 1631 ;

7° Barthélemie Rambaud, le 18 septembre 1618 ;

8° Pierre Rambaud, qui suit ;

9° Guillaume Rambaud, qui suivra ;

10° Michel Rambaud, le 14 août 1622 ;

11° Jean Rambaud, le 18 février 1624 ;

12° Raymond Rambaud, le 17 mai 1625.

IVe degré — **Noble Pierre Rambaud**, baptisé à Saint-Nizier le 27 février 1620. Bourgeois de Lyon, puis échevin de cette ville (1653-1657), gentilhomme servant chez le Roi, enfin écuyer, seigneur de Champrenard,

Blacé, Marsangues (1). Il testa le 5 mars 1643 avec son frère Guillaume, mentionnant Barthélemie Dupont, sa mère, veuve de Claude Rambaud, son père.

Il épousa Marie d'Agnot, fille d'Antoine d'Agnot, seigneur de Champrenard, homme d'armes de la compagnie du Maréchal de Montmorency, et d'Antoinette de Bévigne. François d'Agnot, seigneur de Champrenard ayant été tué au siège de Turin en 1649, tous ses biens passèrent, par sa sœur Marie, aux Rambaud. Marie d'Agnot testa le 23 avril 1644 ;

De cette union naquirent :

1° Camille de Rambaud de Champrenard, chevalier. Baptisé à Sainte-Croix le 6 janvier 1645. Il épousa Elisabeth Druet, fille de Pierre Druet et de Claudine Chevalier. Elle testa le 17 mai 1681 et épousa en deuxièmes noces le 28 juillet 1704, Jacques de Fenoyl, chevalier, ancien capitaine au régiment lyonnais, fils de Maurice de Fenoyl, chevalier, seigneur de Glareins et de Choin, et d'Isabeau Faure de Chipres.

Elisabeth Druet mourut sur la paroisse Saint-Georges le 5 mai 1710 ;

2° Madeleine de Rambaud, baptisée à Saint-Vincent le 11 février 1645, testa le 5 avril 1665, ayant épousé dans l'Eglise Saint-Pierre et Saint-Saturnin, le 13 avril 1664, Louis-Marc de Crues de Sainte-Croix, écuyer, seigneur dudit lieu et Tancy, fils de Christophe de Crues et de Marguerite Bernard.

Armes des de Crues de Sainte-Croix : D'or au pal de gueules, chargé de trois croisettes d'argent.

Armes des d'Agnot de Champrenard (2) *:* De gueules à deux épées en sautoir d'or, et un écu de sable en abime, chargé d'une fasce d'argent.

IVᵉ degrés bis — **Guillaume Rambaud**, baptisé le 27 février 1620, frère jumeau du précédent. Bourgeois de Lyon, puis écuyer, gentilhomme ordinaire servant à la Chambre du Roi, seigneur de Champrenard ; testa le 5 mars 1643, conjointement avec son frère Pierre, déclarant élire sa sépulture dans l'Eglise du Couvent des Augustins de la Croix-Rousse, au vas et tombeau de Claude Rambaud, son père.

Marié le 17 février 1645 à Marie-Madeleine Basset, fille de François Basset, marchand bourgeois de Lyon et de Gratienne Ribbes, dont :

a) Anne Rambaud, baptisée à Saint-Nizier le 21 mai 1650 ;

b) Reymond Rambaud, baptisé à Saint-Nizier le 2 juillet 1651 ;

c) Etiennette Rambaud, née vers 1653, religieuse au couvent de la Déserte de Lyon. (Acte notarié du 10 août 1661.)

d) François Rambaud, qui suit ;

---

(1) Le 14 février 1651, Pierre Rambaud acquit de Guillaume Arod, seigneur de Montmelas, le tiers de la justice de Blacé et celle d'Arbuissonas.

(2) Cette famille originaire de Biscaye, s'établit en Beaujolais par mariage avec les Lucarre, dans le dernier quart du XVᵉ siècle. Jean Agnot fut le compagnon d'armes de Bayard et d'Imbaud de Rivoire, dit le Garillan.

e) Claude Rambaud, écuyer, marié le 30 septembre 1690 à Marie Rippard, fils de feu François Rippard, bourgeois de Lyon et de dame Anne Desarchon ;

Armes des Basset: D'or à trois fasces ondées d'azur accompagnées en chef d'une tête de lion arrachée de sable.

Ve degré — **François Rambaud**,(1) écuyer, seigneur de Champrenard, Blacé, Charnes, Salles, testa les 13 juin 1713, 21 février 1716 et 10 décembre 1717.

Marié le 5 avril 1670 à Claude Bolozon, qui testa le 25 avril 1705 et le 11 décembre 1707, fille de noble Vespasien Bolozon, ancien échevin de Lyon et de dame Anne Rossan, dont :

1º Pierre Rambaud, écuyer, assiste en 1731 au mariage de sa sœur Elisabeth ;

2º Claude-Joseph Rambaud, né le 7 octobre 1670, baptisé à Sainte-Croix le 21 août 1672, mort avant 1717 ;

3º Antoine Rambaud, baptisé le 6 août 1672, mort jeune ;

4º Marie-Anne Rambaud, baptisée le 14 septembre 1673 ;

5º Jeanne Rambaud, baptisée le 16 mars 1676 ;

6º Elisabeth Rambaud, baptisée le 5 avril 1677, testa le 29 juin 1729. Mariée en premières noces, à Blacé, le 16 juin 1710 à François de Michalon, écuyer, sieur de Beaumorier, fils de Jean-Pierre Ennemond de Michalon, écuyer, sieur de Beaumorier et de Marie de Sarmort de Gaste, et en deuxièmes noces, à Bourg, le 22 mars 1731, à Jean-Louis de Jacob, écuyer, seigneur de Painessuy et de la Cottière, acien capitaine au Régiment de Béville et veuf de Françoise Jordain, fils de Jean-Joseph de Jacob, écuyer, seigneur de la Cottière, ancien capitaine au régiment de Piémont et d'Antoinette de Guichenon. Elle est morte à Saint-Germain-en-Laye en 1761;

Armes des de Michalon : D'azur à un escalier de trois marches posé en pal et alésé d'or.

Armes des de Jacob de la Cottière (2) *:* D'azur au chevron ondé d'argent, accompagné de trois têtes de léopard d'or, deux en chef et une en pointe.
Devise : Soing et Valeur.

7º Claude Rambaud, qui suit ;

8º Marie Rambaud, baptisée le 25 juillet 1679 ;

9º Laure Rambaud, baptisée le 27 juin 1634 ;

---

(1) Il prétendait descendre des Rambaud du Dauphiné, mais il n'en put fournir la preuve, alléguant que tous les papiers avaient été brûlés avec le château de Montgordin, en 1692, par les troupes du duc de Savoie. Déclaré usurpateur, il fût coudamné à l'amende et à 15 livres de dépens, le 2 juillet 1637.

(2) Cette famille a existé jusqu'à nos jours. Son dernier représentant repose au cimetière de Loyasse. On lit sur sa tombe : Ici repose Jean-Etienne-Eugène de Jacob de la Cottière, membre de la Société des Gens de Lettres de France. Né à Bar-sur-Seine le 12 janvier 1828, mort à Lyon le 18 octobre 1885. Ses écrits et ses bienfaits perpétueront la mémoire du nom qui s'éteint avec lui.
Son épouse Sophie Nouvellet, née à Lyon le 20 janvier 1831, morte à Nice le 11 janvier 1895, repose à ses côtés.

10° Charles-Louis Rambaud, baptisé le 1er décembre 1684 ;

11° Alexis Rambaud, baptisé à Saint-Pierre-le-Vieux le 11 janvier 1689, mort le 13.

Armes des Bolozon: D'argent à la fasce de gueules, alias d'azur, chargée d'un soleil d'or.

Le 20 septembre 1697, François Rambaud et Claude Bolozon firent enregistrer les armoiries suivantes: D'azur à un arbre d'or et une colombe d'argent perchée dessus la pointe de l'arbre, pour François Rambaud; D'argent à une fasce d'azur, pour Claude Bolozon.

VIe degré. — **Claude Rambaud,** écuyer, seigneur de Champrenard, en Lyonnais, de Saint-Maurice, Lalley, en Dauphiné, épousa, le 17 juillet 1713, Louise-Madeleine de Brunel, dame de Saint-Maurice, Lalley et Soizons, fille aînée d'Antoine de Brunel, seigneur des dits lieux, Rodet, Saint-Didier, capitaine de cavalerie dans les troupes de Hollande, gouverneur du prince de Nassau, puis gentilhomme de la maison du Roi, et de Louise de Jaucourt, dont :

1° François de Rambaud, qui suit :

2° Elisabeth de Rambaud, née le 17 juillet 1717, appelée Mademoiselle de Champrenard, légataire, en 1729, de sa Tante de Michalon. Mariée à Balthazard-Alexandre de Gérante, marquis de Sénol et d'Orgeval ;

Armes des de Gérante : D'or au sautoir de gueules.

3° Armand de Rambaud, né en juin 1718.

Armes des de Brunel: D'or au lion de sable, à la fasce de gueules, chargée de trois coquilles d'argent, brochant sur le tout.

VIIe degré — **François de Rambaud de Champrenard de Brunel,** né le 24 décembre 1715, seigneur de Champrenard, Saint-Maurice, Lalley, Soizons. Marié à Anne Rochette de la Morlière, dont une fille : Marie de Rambaud-Brunel de Saint-Maurice, mariée le 25 mars 1774 à Philippe-Etienne du Puy, seigneur de Saint-Vincent, conseiller au Parlement du Dauphiné, fils de Sébastien du Puy, seigneur de Saint-Vincent, aussi conseiller audit Parlement, et de Louise Morel de Montrivier.

Armes des du Puy de St-Vincent : D'or à la tête de lion arrachée de gueules, au chef d'azur chargé de trois étoiles d'or.

www.ingramcontent.com/pod-product-compliance
Lightning Source LLC
Chambersburg PA
CBHW060612050426
42451CB00012B/2214